とっておきの美智子さま

「平凡」が見た若き日の素顔

渡邉みどり 監修
マガジンハウス 編

マガジンハウス

幾光年太古の光いまさして　地球は春をととのふる大地

昭和44年（1969）の歌会始で詠まれた美智子さまの和歌。この年のお題は「星」。「星」を「地球」と見立てた発想は新しい時代の皇后陛下登場を予感させた。

目次

写真

マガジンハウス・アーカイブス

(https://magazineworld.jp/info/archives/)

装丁・デザイン

坂川栄治+坂川朱音(坂川事務所)

この写真集は、マガジンハウスが「平凡」「週刊平凡」などの
取材を続けてきたなかで撮影された1950年代から1980年代までの
美智子さまのお写真で構成されています。
キャプションにつきましては可能な限り過去の資料をあたりました。
天皇陛下、皇后美智子さまなど皇族の皆様の呼称、および地名、施設名、
省庁名、催し名などは撮影当時のものを採用しました。
写真のなかには古いものも多数あり、退色、汚損などもありましたが、
可能なかぎりデジタルリマスタリングし、鮮明に甦らせました。

美智子さまの「とっておき」

一瞬を切り取った写真に写る
美智子さまの瞳には
何が映っているのでしょう？
さまざまな秘めた思いが
言葉を超えて伝わります。

膨大な数の美智子さまのお写真の中から、選びに選んだベスト16の傑作写真を紹介。「とっておき」の写真集のなかの「とっておき」。

昭和39年1月26日◎神奈川県箱根にて第19回国民体育大会スケート競技をご観戦

昭和38年8月5日◎長野県戸隠高原でのガールスカウト・アジアキャンプに
ご出席。急行「白山」の車窓で

昭和40年1月25日-29日◎静岡県伊豆・伊東へ休暇旅行

昭和38年9月15日◎第18回国民体育大会夏季大会（山口県）にご出席後、宇部市・常盤公園ご訪問

[illegible]和37年9月26日◎神奈川県川[illegible]・日本鋼管で練習船・進徳丸[illegible]式ご出席

昭和44年8月25日-27日◎長野県南信濃路ご旅行中にご自分で梨をもぎ取られる

昭和39年8月◎長野・軽井沢オープンテニストーナメントに出場された
皇太子殿下を応援される

昭和37年3月◎東京都杉並区の東京女子大学をご訪問

14

昭和36年4月30日◎神奈川・鎌倉ローンテニスクラブでの初めてのテニス

昭和46年春◎東京・上野動物園で紀宮さまと

昭和37年8月4日◎静岡県沼津
御用邸裏の松林で

昭和39年9月4日◎東京・原宿駅

昭和36年11月5日◎東京・馬事公苑で早大・学習院大定期馬術戦に出場される皇太子殿下を応援

昭和36年5月21日◎東京・国立競技場の「日本体操祭」にご出席

昭和43年7月17日◎栃木県那須御用邸に向かわれる途中の黒磯駅で

22

美智子さまの「おもざし」

人には喜怒哀楽があるけれど、
志が高潔であればあるほど
その表情は穏やかになる。
どうしたらそんな境地まで
たどりつけるのでしょうか？

昭和37年4月12日◎東京・大手町の産業会館での海外書籍見本市で

昭和35年10月25日◎小林古径展をご鑑賞。東京・京橋の国立近代美術館

昭和36年11月5日◎東京・馬事公苑で

昭和35年5月16日◎東京・八王子市農林省林業試験場をご見学

昭和37年4月30日◎神奈川県横浜市の「こどもの国」建設地をご視察

昭和36年3月26日-4月1日◎長野県松本市から塩尻峠、諏訪湖を回られる

昭和38年8月8日◎急行「白山」の車窓で

昭和39年8月◎長野・軽井沢オープンテニストーナメントをご観戦

上／昭和45年7月24日◎静岡県浜名湖で浩宮さま、礼宮さまと夏休み
下／昭和36年2月12日◎東京ローンテニスクラブにて、猪谷千春氏の黒いプードルと

昭和39年4月27日◎5月10日からのメキシコ訪問をご奉告。東京・多摩御陵で

昭和45年5月◎東京・多摩御陵で

昭和37年6月29日◎日米学生対抗庭球試合ご観覧。神宮外苑・国立コート

昭和36年11月20日◎英国大使館・アレクサンドラ王女主催の晩餐会

昭和35年11月5日◎東京・明治神宮鎮座40年祭にご参拝

美智子さまの「ご闊達《かったつ》」

この章ではスポーツを楽しまれる美智子さまを紹介します。学生時代からお得意なテニスやスキー、スケート、乗馬まで行動的な18枚。

静と動は表裏一体。
普段と違うお姿を拝見して、
人々は心に感嘆符を連打。
なんだか私達の心まで
うきうき弾んでしまいます。

昭和36年4月30日◎神奈川・鎌倉ローンテニスクラブにて

昭和34年5月31日◎ご結婚後初めてのテニス。東京麻布ローンテニスクラブ

上／昭和36年7月14日◎第三回パレスオープンテニストーナメント。皇居内パレステニス場で
下／昭和35年5月30日◎ご出産後初めてのテニスを皇太子殿下と。東京麻布ローンテニスクラブ

昭和35年5月30日◎この日は島津貴子夫人もごいっしょだった。
東京麻布ローンテニスクラブ

昭和36年7月14日◎皇居内パレステニス場で

昭和36年7月12日◎鷹司矩子さんと。第三回パレスオープンテニストーナメント準々決勝でストレート勝ち

昭和35年5月30日◎東京麻布ローンテニスクラブにて

昭和34年5月31日◎皇太子殿下とご結婚後初めてのテニス。
東京麻布ローンテニスクラブ

昭和37年8月16日◎思い出の長野・軽井沢旧道テニスコートで

昭和39年8月25日◎軽井沢旧道テニスコートで

昭和36年7月14日◎皇居内パレステニス場で

昭和36年11月5日◎東京・馬事公苑で早大・学習院大定期馬術戦に出場された皇太子殿下と美智子さま。
ゴールインした皇太子殿下の愛馬「朝萩」の首をなでられる

昭和46年2月7日◎札幌国際冬季スポーツ大会ご出席。
開会式前、美香保屋内スケート場で皇太子殿下とスケート

昭和42年2月25日
新潟県苗場国際スキー場でご結婚後初めてのスキー

昭和42年2月25日
コーチは皇太子殿下と猪谷千春氏。苗場国際スキー場

昭和46年3月28日-4月1日
◎皇太子殿下、礼宮さまと新潟
県苗場国際スキー場で

昭和36年7月14日◎第三回パレスオープンテニストーナメントで優勝。
皇居内パレステニス場

美智子さまの「ご家族」

当時の皇太子殿下、浩宮さま、礼宮さま、紀宮さま。美智子さまがご家族とお過ごしになった34枚を集めました。エッセイつき。

目線を下ろされ、
視線を合わせられる。
そこから始まる優しさは
ふだん通りのものだけれど、
でもやっぱり、違うのです。

昭和35年12月9日◎アジア、アフリカ四カ国親善旅行からご帰国。浩宮さまと

昭和35年8月12日◎生後約6か月の浩宮さまと。長野県軽井沢

昭和36年8月28日-9月8日◎皇太子ご夫妻と浩宮さま。軽井沢駅

昭和40年7月19日◎浩宮さまと東京タワーご見学

上／昭和44年5月8日◎宮内庁病院で紀宮さまご出産ののち皇太子殿下に付き添われ車にて退院される美智子さま
下／昭和35年11月12日◎アジア、アフリカ四カ国親善旅行ご出発前、浩宮さまと。東宮御所中庭

昭和41年5月15日◎浩宮さまと
東京・国立競技場で「日本体操
祭」をご視察

昭和38年12月26日-30日◎神奈川県葉山御用邸で浩宮さまと

昭和36年8月28日-9月8日◎浩宮さまと長野県軽井沢にて

昭和48年9月25日◎紀宮さまの通う東京都目黒区・柿の木坂幼稚園の運動会でお遊戯

昭和43年6月3日◎浩宮さま、礼宮さまと神奈川県横浜市「こどもの国」ご訪問

昭和36年6月24日◎浩宮さまと神奈川県葉山海岸で

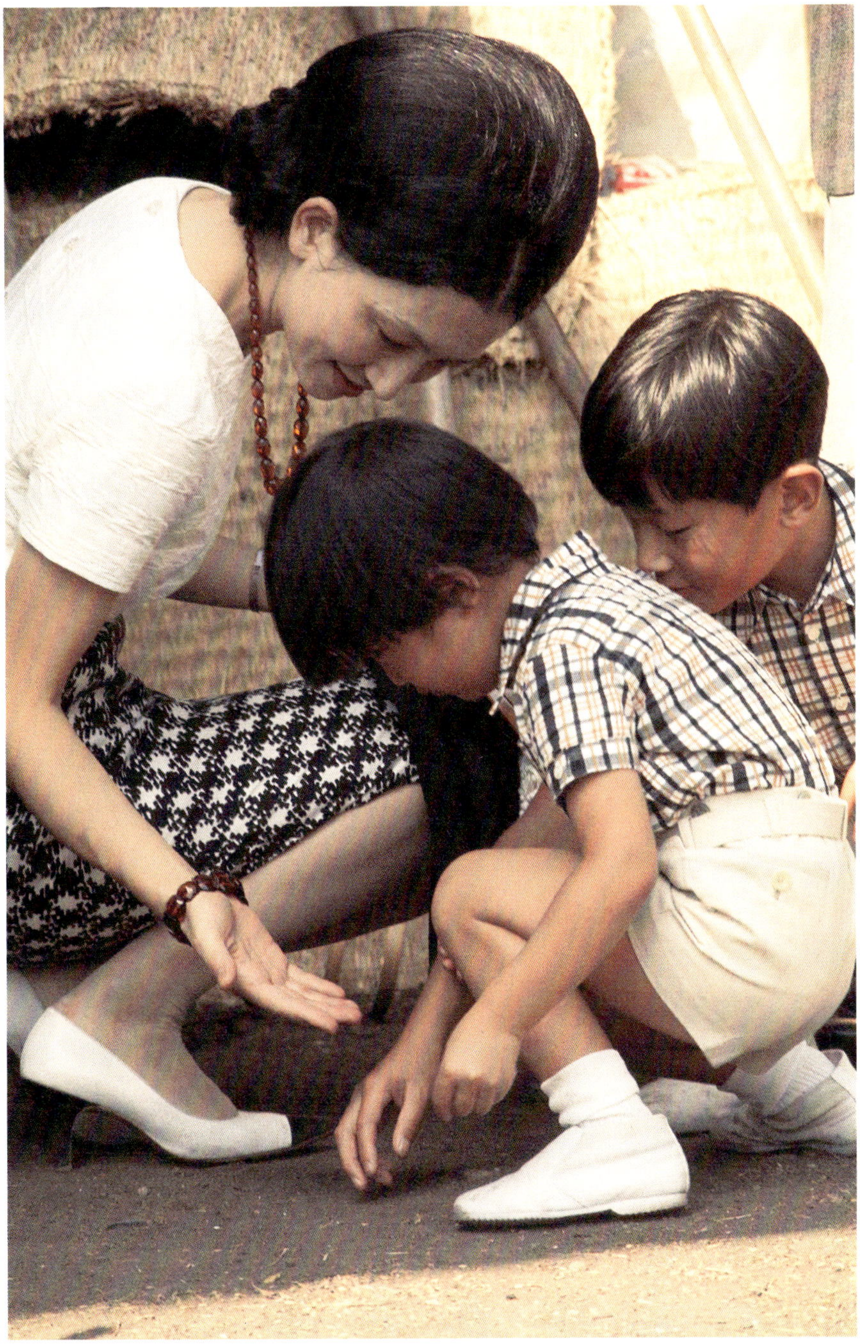

昭和44年8月◎浩宮さま、礼宮さまと長野県中軽井沢の農家をご訪問

昭和48年8月24日◎軽井沢。テニスを楽しむ浩宮さま、礼宮さまの
応援に疲れた紀宮さまを膝元に

昭和35年8月12日◎
軽井沢にて。ベビーカーにはお互いの顔がよく見えるようバックミラーも

昭和36年8月28日午後◎群馬県・信越本線横川駅。
臨時準急「高原」号の車中で浩宮さまと

昭和42年5月31日◎南米訪問から皇太子殿下とご帰国。浩宮さまをお抱きになる美智子さま

昭和39年8月5日◎浩宮さまと長野県佐久郡御代田町の農家を訪ねられ養蚕、家畜の飼育をご見学

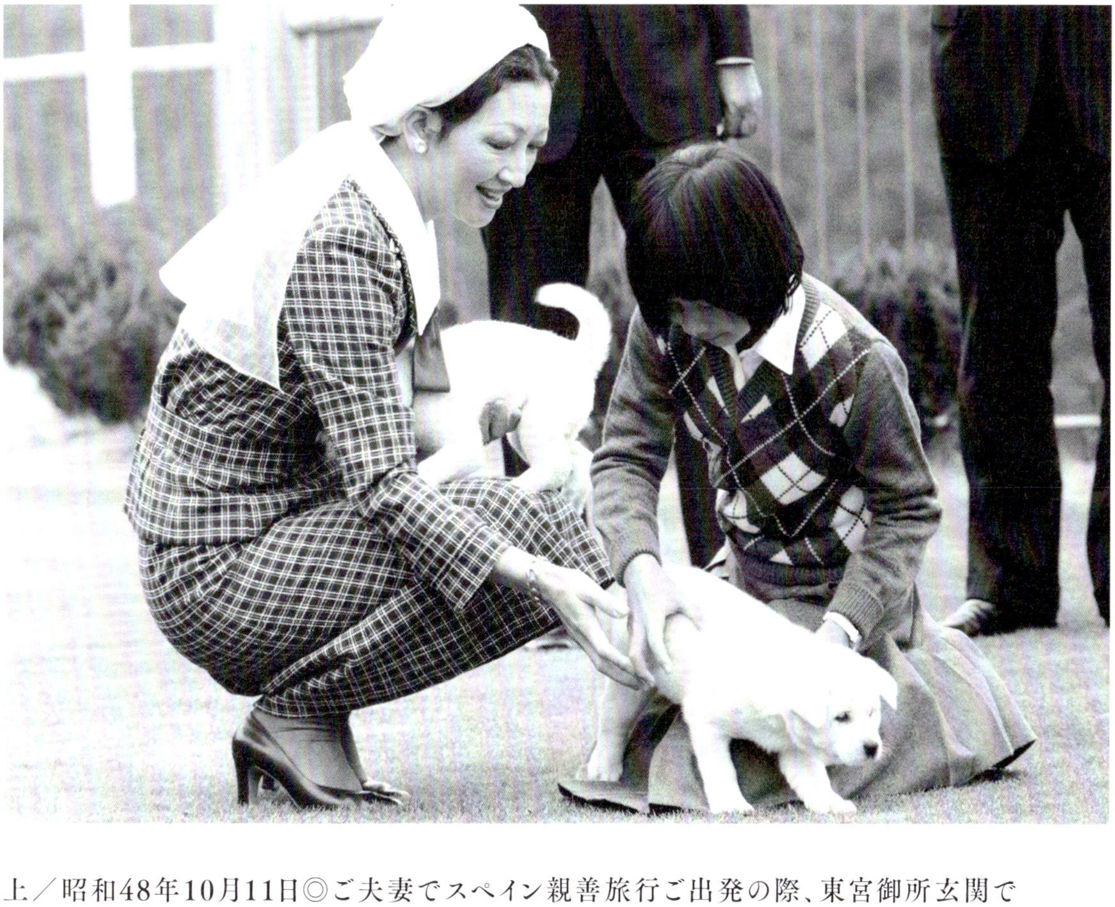

上／昭和48年10月11日◎ご夫妻でスペイン親善旅行ご出発の際、東宮御所玄関で
下／昭和55年11月◎紀州路・和歌山県各地を紀宮さまとご訪問

美智子さま、笑顔の理由

渡邉みどり

天皇皇后両陛下は悲惨な太平洋戦争の犠牲者に常に思いを寄せられてきた。

戦後50年には広島、長崎と沖縄、60年にはサイパン、70年にはパラオと、節目節目で、謝罪と慰霊の旅を続けてこられた。平成28年は新年早々フィリピンに赴かれている。この地での激戦に巻き込まれて亡くなった人は100万人を超え、大戦中最も過酷な戦いが行われたと言われている。両陛下は過密スケジュールの中、戦没者の碑に供花され、祈りをささげられた。

陛下は昭和8年生まれで美智子さまは昭和9年生まれ。ともに東京の焼け跡を知る世代だ。お二人はこれまで慰霊と鎮魂を共通テーマとして掲げ、寄り添ってこられた。ご高齢の両陛下の真摯なお姿はいまなお国民を深く感動させる。しかし、この半世紀が決して平らな道のりだけではなかったことは、多くの国民の知るところであろう。美智子さまがのちに失声症の苦しみを味わわれたことは国民全員が心を痛めた。その心持ちは取材で美智子さまを追いかけ続けた私の想像すら超えているかもしれない。それほど皇太子妃、のちの皇后という美智子さまのお立場や責任は重いのだ。

それなのに美智子さまは、この写真集にある温かく、
　どこか透き通った笑顔を、いつも私たちに示し続けてくださっている。

◎

社会進出を含めた女性のライフスタイルは、近年驚異的な変革を遂げた。なかでも、皇室の女性の生活様式は最も変化したといえよう。近代的な教育を受けた令嬢正田美智子さんは、日本一の旧家天皇家に嫁がれ、さまざまなものを取り入れ自己実現をなさった。

皇族初の病院出産をされた美智子さまは三人のお子様を母乳でお育てになられた。幼少時代を皇太子という存在としてお過ごしになられた天皇陛下は皇太子殿下時代、家族が共に笑い、共に暮らす温かい「ホーム」を夢見ていらっしゃった。その陛下の思いに誰よりも賛同し、寄り添う形で美智子さまはその実現を支え続けた。ご自身が公務で海外にお出かけの際は「デンデン太鼓の子守歌」や「メーメー子やぎ」などをテープに吹き込み、東宮御所のお庭には子どもたちのための手作りのお砂場まで作られた。倒木を切って自然の遊び場とし、お小さい宮さま方が飛び降りたり渡ったり、わんぱくぶりを発揮された。また、教育は学校に任せるなど、国民に限りなく近い生活をなさった。

家族の大切さを誰よりも肌身にお感じになられたからこそ、どこにでもあるはずの、けれど今の日本人が忘れがちな「家族の日常」を、美智子さまは大切にされていた。その美智子さまのすべてを包み込むような笑顔に、同じ時代を生きてきた者として、私は限りない尊敬の念を覚えるのだ。

昭和55年11月◎紀宮さまと紀州路・和歌山県椿温泉椿野生猿公園で

昭和55年11月◎紀州路を母娘でご旅行。名勝・那智の滝をご見学

昭和45年9月20日◎早朝の葉山御用邸の海岸で、紀宮さまと

昭和45年5月25日◎礼宮さま、
東京都三鷹市・日産厚生園へ
初めての遠足

昭和45年10月6日◎学習院幼稚園にて
礼宮さま初めての運動会をご観戦

昭和46年8月23日◎礼宮さま、紀宮さまと長野種畜牧場をご見学

昭和46年9月15日◎葉山御用邸で

昭和41年4月8日◎浩宮さま学習院初等科入学式で

昭和42年7月25日◎皇太子殿下、浩宮さまと乗鞍岳登山

昭和49年8月16日◎中学三年の夏休みにホームステイするために
オーストラリアへ出発する浩宮さまをご家族で見送られる。羽田空港

美智子さまの「着こなし」

TPOはファッションの基本。
でもそれだけではないのです。
「美智子さまらしい」から素敵。
時代に敏感だからこそ、
みんなが真似したくなります。

いつの時代もファッションリーダーであられる美智子さまの写真18枚。気品にあふれ、しかも軽やかでしなやかなスタイルは必見です。

昭和38年9月◎第18回山口国体ご出席後、山口県各地をご訪問

昭和36年11月20日◎英国大使館・アレクサンドラ王女主催の晩餐会。
ぶどう色の花模様が浮き出たローブ・デコルテで

昭和36年11月20日◎昭和天皇に拝借したロールス・ロイスで
英国大使館を辞去される美智子さま

昭和36年6月23日◎皇太子ご夫妻でオリンピック・デーに映画『ローマ・オリンピック1960』ご鑑賞

昭和47年4月30日◎東京・田園コロシアムにてご夫妻でデビスカップご観戦。サングラスが印象的

上左／昭和48年5月6日-23日◎オーストラリアご訪問中、シドニーのシーメンズ・ミッションで
上右／昭和36年4月10日◎ご結婚2周年記念大噴水完成セレモニーで
下左／昭和37年6月23日◎東京都・新宿の厚生年金会館ホールにてオリンピック・デーご出席
下右／昭和37年3月◎東京都杉並区にある東京女子大学をご訪問

昭和35年7月14日◎東京都・駒場の日本民藝館で

昭和49年11月1日◎茨城県パラリンピック視察の折、県立コロニー「あすなろ」をご訪問

昭和40年7月21日-9月8日◎避暑で訪れた長野県軽井沢でキャベツ畑をご見学

昭和35年10月18日◎東京都・
雑司ヶ谷で行われた「家庭生
活展覧会」ご見学

上左／昭和48年5月20日◎ニュージーランドで初冬のミルフォード湾をご見物
上右／昭和37年8月4日◎静岡県沼津御用邸裏の海岸で
下左／昭和46年8月16日◎東京駅から軽井沢へ出発される美智子さまと紀宮さま
下右／昭和47年11月◎鹿児島で開催された第8回パラリンピック開会式ご出席の折、屋久島・屋久杉ランドにて

昭和39年4月◎渋谷区・東京都児童会館にて絵画教室、ロボットをご見学

美智子さまの「運命の恋」

「出会い」とはなんでしょう？
自らの手で摑むものですか。
誰かが運んでくるものですか。
「恋」は必然？ それとも偶然？
いいえ、それは「運命」です。

史上初の民間出身皇太子妃となられた美智子さまのプリンセス・ストーリー。ご婚約決定からの仲睦まじいお二人の27枚は、いちばん新しい「歴史」です。

昭和33年11月27日◎ご婚約発表で宮中に天皇皇后両陛下をお訪ねになる美智子さまとご両親。正田邸前

昭和45年3月9日-10日◎礼宮さまを連れて皇太子殿下と房総の旅。野島崎灯台にて

昭和40年1月25日-29日
◎静岡県伊豆・伊東へ
休暇旅行。海洋公園

昭和33年11月2日
皇太子殿下との練習に東京・麻布のテニスコートへ向かわれる美智子さま

昭和33年11月27日
天皇皇后両陛下へのご婚約のご挨拶で宮中に向かわれる美智子さまとご両親。正田邸前

昭和33年11月28日◎ご婚約後、初めて渋谷区常磐松の東宮仮御所をご訪問。五反田・池田山の正田邸前

100

昭和33年12月18日◎母校・聖心女子学院にご婚約の報告に行かれるため正田邸前を出られる美智子さま

昭和33年12月18日
聖心女子学院を訪問された美智子さま。母・富美子さんとシスターとともに

昭和33年12月18日
一列にならんだ在校生に迎えられる美智子さま

昭和34年1月14日◎納采の儀のため正田邸をご出発

昭和34年3月6日◎皇后陛下お誕生日のお祝いのため皇居へ。正田邸前

昭和34年4月10日◎六頭立ての
馬車でのご成婚パレード。東京・
青山通り

昭和34年4月18日◎三重県・伊勢神宮にご結婚の奉告

上／昭和34年4月20日◎東京都八王子市・多摩御陵にてご結婚奉告
下／昭和34年4月18日◎伊勢神宮にご結婚の奉告

昭和34年4月18日
神馬「初霜」と。伊勢神宮

昭和34年4月27日
ご成婚後、はじめての里帰り。正田邸前

昭和34年10月22日◎神奈川県葉山・長者ヶ崎海岸、一色海岸をご散策

昭和44年7月31-8月3日◎全国高校体育大会、矢木沢ダムほか群馬県各地をご視察

上／昭和39年1月26日◎第19回国民体育大会冬季大会・箱根駒ヶ岳スケートリンクにて

下／昭和37年8月◎旧道コート近くにある島津久永さん・貴子さんの別荘へと向かわれる皇太子ご夫妻。軽井沢

昭和34年6月17日
東京・明治神宮菖蒲園で

昭和37年2月1日◎
東南アジアご訪問中インドネシアで現地の果物を手に

昭和45年2月12日◎2月19日からのマレーシア・シンガポール親善旅行の安全を祈願して多摩御陵ご参拝

昭和39年1月26日◎箱根で開かれた第19回国民体育大会冬季大会ご観戦後、ケーブルカーご乗車

昭和37年5月5日◎南九州各地をご旅行の折、国立公園えびの高原の散策を皇太子殿下と

昭和37年5月2日-15日◎南九州をご旅行中、宮崎県青島海岸・鬼の洗濯板で

美智子さまの「ご公務」

陛下とともに国内外で精力的にご活動されたご公務の記録のなかから28枚の写真を紹介します。日本国民全員が目標にしたいお姿です。

何を為すにも「思い」が必要。
何を為すにも「慎み」は必要。
お金でも知識でもなく、
今、日本に求められるもの。
それは「日本人らしさ」です。

昭和47年11月11日◎鹿児島県・第8回パラリンピック開会式

左右／昭和37年1月27日◎西パキスタン・ラホールのバトシャヒ（バードシャヒー）寺院を見学

昭和35年12月3日◎インド、タージ・マハールご見学

昭和44年8月25日-27日◎南信濃路ご旅行。
長野県伊那市立美すず保育所にて

上／昭和37年1月29日◎東パキスタン・ダッカに近い港からマリーアンダーソン号に乗ってガンジス川をご視察
下／昭和37年1月31日◎インドネシア・ジャカルタでスカルノ大統領と

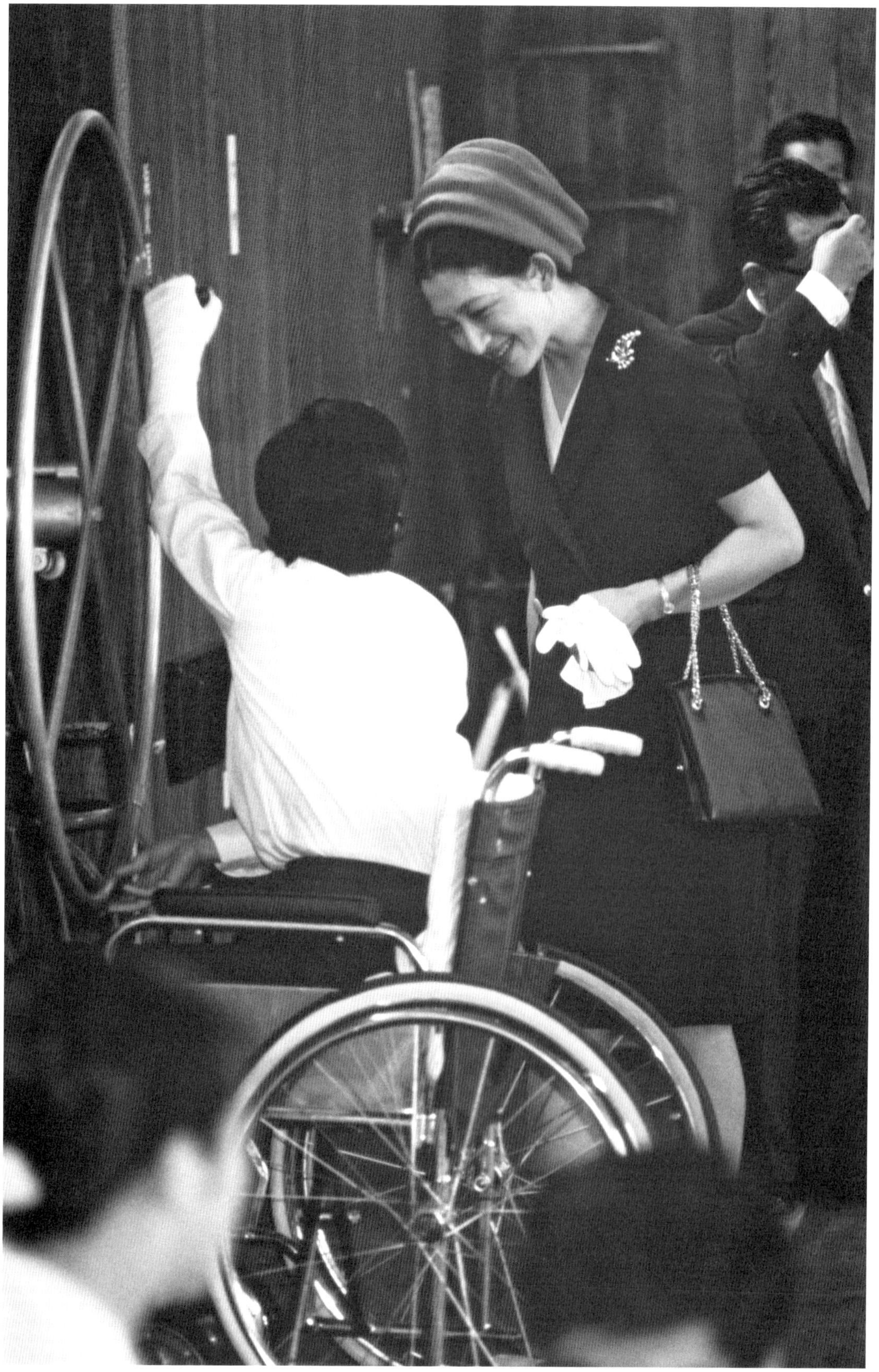

昭和44年7月1日◎東京都新宿区戸山町の国立身体障害センターをご視察

昭和50年9月14日◎第30回国民体育大会夏季大会(三重県)で

昭和37年1月31日
インドネシア・ジャカルタのヌガラ宮殿でワヤン・クリット（影絵芝居）ご鑑賞

昭和37年4月4日-6日◎大阪ご訪問

昭和37年9月26日◎運輸省航海訓練所練習船・進徳丸進水式。神奈川県川崎市・日本鋼管鶴見造船所

昭和49年4月10日◎ご成婚
15周年をお迎えになられ東
京・明治神宮をご参拝

昭和35年12月3日◎インド、タージ・マハールご訪問

昭和38年9月17日◎第18回山口国体ご出席後、徳山市ほか各地をご訪問

128

昭和48年5月◎オーストラリア、ニュージーランドご訪問

上／昭和45年9月13日◎大阪・日本万国博覧会閉会式にて
下／昭和34年7月19日◎東京・国立競技場テニスコートでご結婚奉祝テニス大会をご観戦

昭和47年9月17日◎第27回国民体育大会夏季大会（鹿児島県）で

昭和44年6月7日◎紀宮さまご出産後1か月半でのご公務

[illegible]3月23日◎浩宮さま幼稚園入園前
[illegible]各所をご見学

昭和48年5月6日-23日◎オーストラリア、ニュージーランド親善訪問

昭和39年4月◎東京・日本
赤十字本社で

昭和39年8月28日◎富山県立山連峰、黒部川第四発電所ダムご視察

昭和38年9月15日◎第18回国民体育大会夏季大会(山口県)で
競泳競技をご観戦

昭和48年5月20日◎ニュージーランド・ミルフォード湾でフィヨルドなどをご見学

昭和47年4月30日◎新しい黄色い帽子でデビスカップ・日本対オーストラリア戦ご観戦

昭和39年7月◎東京・原宿駅

年表

昭和36年4月29日◎天皇誕生日に皇居で

昭和9年（1934）	10月20日	0歳	●正田英三郎・富美子夫妻の長女として東京帝国大学医学部附属病院でご誕生
昭和16年（1941）	4月	6歳	●雙葉小学校入学
昭和20年（1945）	8月	10歳	●疎開先の軽井沢で終戦の玉音放送を聞く
昭和22年（1947）	4月	12歳	●聖心女子学院中等科入学
昭和25年（1950）	4月	15歳	●聖心女子学院高等科に進学
昭和28年（1953）	4月	18歳	●聖心女子大学文学部外国語外国文学科入学
昭和32年（1957）	3月	22歳	●聖心女子大学卒業
昭和33年（1958）	11月	24歳	●皇室会議で婚約決定
昭和34年（1959）	4月10日	24歳	●皇太子（今上陛下）とご成婚
昭和35年（1960）	2月23日	25歳	●浩宮徳仁親王ご出産
	6月	25歳	●元赤坂の東宮御所へご移転
	9月	25歳	●皇太子ご夫妻、日米修好通商条約百周年で訪米。初の海外公務
	11月	26歳	●イラン、エチオピア、インド、ネパール親善訪問
昭和37年（1962）	1月	27歳	●パキスタン、インドネシア親善訪問
昭和40年（1965）	11月30日	31歳	●礼宮文仁親王ご出産
昭和44年（1969）	4月18日	34歳	●紀宮清子内親王ご出産
昭和47年（1972）	1月	37歳	●東武日光駅で暴漢に襲われるが無事
昭和48年（1973）	5月	38歳	●オーストラリア、ニュージーランド親善訪問
昭和50年（1975）	7月	40歳	●皇太子ご夫妻、初の沖縄訪問。ひめゆりの塔火炎瓶事件
昭和56年（1981）	7月	46歳	●皇太子ご夫妻、英国チャールズ皇太子・ダイアナ妃結婚式に参列
昭和59年（1984）	4月	49歳	●皇太子ご夫妻、銀婚式
昭和61年（1986）	3月	51歳	●子宮筋腫で入院、手術を受ける
	12月	52歳	●初の御歌集『ともしび』を皇太子さまと出版
昭和63年（1988）	5月	53歳	●母・正田富美子さん死去
昭和64年（1989）	1月7日	54歳	●昭和天皇崩御。新天皇即位により皇后陛下に
平成元年（1989）	2月24日	54歳	●大喪の礼
平成2年（1990）	6月29日	55歳	●礼宮、川嶋紀子さんと結婚。秋篠宮家を創設
	11月12日	56歳	●即位の礼
平成3年（1991）	7月	56歳	●雲仙被災地をお見舞い
	10月23日	57歳	●秋篠宮家に初孫、眞子内親王ご誕生
平成4年（1992）	10月4日	57歳	●天皇皇后両陛下、山形「べにばな国体」出席、発煙筒事件

平成5年（1993）	10月23日	57歳	●中華人民共和国訪問
	4月	58歳	●沖縄訪問
	6月9日	58歳	●浩宮、小和田雅子さんと結婚
	7月	58歳	●北海道奥尻島の被災地をお見舞い
	10月	59歳	●誕生日に倒れ、失声症に
平成6年（1994）	12月29日	60歳	●秋篠宮家に佳子内親王ご誕生
平成7年（1995）	1月	60歳	●甲状腺の腺腫の治療
	1月31日	60歳	●阪神・淡路大震災。被災地を訪問
	7、8月	60歳	●長崎、広島原爆慰霊訪問、沖縄訪問
平成10年（1998）	9月	63歳	●「国際児童図書評議会」にてビデオスピーチ
平成11年（1999）	6月	64歳	●父・正田英三郎さん死去
平成12年（2000）	6月16日	65歳	●香淳皇太后崩御
平成13年（2001）	12月1日	67歳	●皇太子ご一家に敬宮愛子内親王ご誕生
平成14年（2002）	9月	67歳	●「国際児童図書評議会」創立50周年記念大会にご出席。初の単独海外訪問
平成15年（2003）	1月	68歳	●天皇陛下、前立腺がんの手術
平成17年（2005）	6月	70歳	●天皇皇后両陛下、サイパン島慰霊訪問
	11月15日	71歳	●紀宮、黒田慶樹さんと結婚
平成18年（2006）	9月6日	71歳	●秋篠宮家に悠仁親王ご誕生
平成21年（2009）	4月	74歳	●天皇皇后両陛下、金婚式
平成23年（2011）	4、5月	76歳	●東日本大震災。被災地をお見舞い
平成24年（2012）	2月	77歳	●天皇陛下、心臓バイパスの手術
平成25年（2013）	7月	78歳	●東日本大震災の被災地をお見舞い
平成26年（2014）	3月	79歳	●伊勢神宮参拝
	6月	79歳	●対馬丸犠牲者の慰霊のため沖縄訪問
	7月	79歳	●東日本大震災復興状況を視察（宮城県）
	12月	80歳	●広島の集中豪雨被災地をお見舞い
平成27年（2015）	3月	80歳	●東日本大震災復興状況を視察（宮城県）
	4月	80歳	●天皇皇后両陛下、パラオ共和国に慰霊訪問
	8月	80歳	●皇后陛下、心筋虚血の疑い。東京大学医学部附属病院で検査・治療
	10月	80歳	●関東・東北集中豪雨被災地をお見舞い（茨城県）
平成28年（2016）	1月	81歳	●天皇皇后両陛下、フィリピン共和国に慰霊訪問

とっておきの美智子《みちこ》さま

「平凡《へいぼん》」が見《み》た若《わか》き日《ひ》の素顔《すがお》

2016年3月31日　第1刷発行

監修　渡邉みどり
編集　マガジンハウス

発行者　石﨑 孟

発行所　株式会社マガジンハウス
〒104-8003 東京都中央区銀座 3-13-10
受注センター ☎049-275-1811 知的財産室 ☎03-3545-7043

印刷・製本所　大日本印刷株式会社

ISBN978-4-8387-2846-6 C0072

＊写真の一部には詳細不明のものもありますが、その歴史的意義に鑑み、掲載させていただきました。なにかございましたらマガジンハウス知的財産室までご連絡いただければ幸いです。真摯に対応させていただきます。

渡邉みどり（わたなべ・みどり）

ジャーナリスト、文化学園大学客員教授。昭和9年(1934)、東京生まれ。早稲田大学卒業。日本テレビ入社2年目で皇太子ご成婚を、総責任者として昭和天皇崩御番組を報道したほか「がんばれ太・平・洋―三つ子15年の成長記録」で日本民間放送連盟賞テレビ社会部門最優秀賞受賞。著書多数。近著に『美智子さまのお着物』(木村孝との共著　朝日新聞出版)、『日本人でよかったと思える　美智子さま38のいい話』(朝日新聞出版)、『美智子さま　美しきひと』(いきいき)、『美智子さま　マナーとお言葉の流儀』(こう書房)などがある。

参考文献

- 「平凡」「週刊平凡」(マガジンハウス)
- 『美智子さま　貴賓席の装い』(渡邉みどり　ネスコ／文藝春秋)
- 『美智子さまのお着物』(木村孝、渡邉みどり　朝日新聞出版)
- 『日本人でよかったと思える　美智子さま 38のいい話』(渡邉みどり　朝日新聞出版)
- 『美智子さま　美しきひと』(渡邉みどり　いきいき)
- 『美智子さま　マナーとお言葉の流儀』(渡邉みどり　こう書房)
- 『美智子妃誕生と昭和の記憶』(清宮由美子　講談社)